22 Mai 1890 V

VENTE APRÈS LE DÉCÈS

DE

Madame la Marquise Douairière de **GRIMALDI**

Née Comtesse de GELOES

ARMES ANCIENNES

ET

OBJETS D'ART

EXPOSITION PUBLIQUE

Le Mercredi 21 Mai 1890, de 1 heure 1/2 à 5 heures 1/2

COMMISSAIRE-PRISEUR	EXPERT
Me SOYER	M. B. LASQUIN
Rue St-Roch, 10	*Rue Laffitte, 12*

PARIS — 1890

IMPRIMERIE MAULDE ET RENOU

A. MAULDE & Cie

IMPRIMEURS DE LA COMPAGNIE DES COMMISSAIRES-PRISEURS

Rue de Rivoli, 144

CATALOGUE

D'ARMES ANCIENNES

EUROPÉENNES ET ORIENTALES

Casques, Arquebuses, Pistolets, Rapières, Dagues, Poudrières
Éperons, Étriers, Couteaux de Chasse

BRONZES, CUIVRES, ÉTAINS

Braseros, Plats du XVIe siècle, Flambeau gothique, Cages
Appliques, Fontaines

Porcelaines de Sèvres, de Saxe, de Chine et du Japon
Faïences, Grès, Verrerie
Vidrecome en verre émaillé du XVIe siècle

BELLES GUIPURES ET DENTELLES ANCIENNES

OBJETS DE VITRINE, BIJOUX, ÉMAUX, ÉVENTAILS

BUSTE DE NAPOLÉON EN MARBRE BLANC

MEUBLES EN BOIS SCULPTÉ — TAPISSERIES

Tenture en cuir de Cordoue

COMPOSANT LA COLLECTION

De Feu Madame la Marquise Douairière de **GRIMALDI**

Née Comtesse de GELOES

Et dont la vente aura lieu par suite de son décès

HOTEL DROUOT, SALLE N° 6

Les Jeudi 22, Vendredi 23 et Samedi 24 Mai 1890

A DEUX HEURES

Me SOYER	M. B. LASQUIN
COMMISSAIRE-PRISEUR	EXPERT
Rue St-Roch, 10	Rue Laffitte, 12

EXPOSITION PUBLIQUE

Le Mercredi 21 Mai 1890, de 1 heure 1/2 à 5 heures 1/2

PARIS — 1890

CONDITIONS DE LA VENTE

Elle sera faite au comptant.

Les Acquéreurs paieront CINQ POUR CENT en sus des enchères.

L'Exposition mettant le Public à même de se rendre compte de l'état des Objets, il ne sera admis aucune réclamation l'adjudication prononcée.

A. MAULDE et Cie, imprimeurs de la Compagnie des Commissaires-Priseurs
rue de Rivoli, 144. 500—5983

DÉSIGNATION

ARMES ET FERS

1 — Armet du XVIe siècle en fer uni.

2 — Armet du XVIe siècle en fer uni avec visière à claires-voies verticales.

3 — Casque à oreillons en fer uni repoussé à ornements terminés par des têtes d'oiseaux. XVIIe siècle.

4 — Casque à oreillons en fer uni. XVIIe siècle.

5-8 — Quatre Armets et Casques de la fin du XVIe siècle et du XVIIe siècle, en fer uni.

9-10 — Deux Morions en fer uni repoussé à fleurs de lis. Fin XVIe siècle.

11-16 — Six Cabassets en fer uni. Fin XVIe siècle. Casque de ligueur en fer uni.

17 — Devant de Cuirasse Louis XIV en fer poli.

18 — Casque Louis XIV en fer uni.

19 — Grande Arquebuse allemande à rouet, à monture incrustée d'os sculpté en creux, portant la date 1603.

20 — Mousquet à rouet avec batterie en fer gravé à sujet de chasse.

21 — Devant et Dossier de Cuirasse Louis XIV en fer uni.

22-23 — Deux Devants de Cuirasse à arête saillante. XVIIe siècle.

24-26 — Trois Devants de Cuirasse et deux Dossières. Epoques Henri II et Louis XIV, en fer uni.

27-30 — Deux Epaulières, deux Cuissards, deux Gantelets, deux Hausse-Cols et dix Pièces d'armures du XVIIe siècle, en fer uni.

31 — Arquebuse à monture incrustée d'ivoire gravé à sujet de chasse. XVIe siècle.

32 — Fusil de rempart à mèche. XVIe siècle.

33 — Paire de Pistolets d'arçons avec monture de cuivre. Epoque Louis XIV.

34 — Deux petits Pistolets d'arçons à canons damasquinés d'or et batterie transformée. XVIIIe siècle.

35 — Fusil de rempart à mèche avec canon de cuivre.

36 — Fusil à rouet à monture de bois incrustée d'ivoire à rosaces et entrelacs, canon en fer cloûté de cuivre et batterie gravée.

37 — Monture de fusil à rouet sans canon, avec batterie gravée et découpée à jour.

38 — Monture de fusil à pierre sans canon. XVIIe siècle.

39-40 — Deux paires de Pistolets du XVIe siècle à batteries à rouet et longs canons en fer uni.

41 — Petite Arbalète du XVIe siècle à monture en bois incrusté d'animaux en ivoire et de rinceaux de cuivre. XVIe siècle.

42 — Bois d'Arbalète incomplète.

43 — Deux petits Pistolets Louis XV avec garniture d'argent gravé et canons en fer également gravé avec batterie transformée.

44 — Petit Pistolet à pierre avec crosse garnie de cuivre à godrons en relief.

45 — Deux Pistolets de tir.

46 — Deux Pistolets de poche à moulure d'ébène.

47 — Arquebuse à rouet à monture incrustée d'ivoire et de nacre avec batterie en fer gravé.

48 — Tromblon avec garniture en argent repoussé et à monture incrustée d'ornements.

49 — Deux Arbalètes anciennes.

50 — Petit Pistolet à quatre canons et un Briquet ancien.

51 — Fusil à pierre de la manufacture de Versailles, avec garniture et plaque d'argent gravé, portant l'inscription : *Le 1er Consul, au Citoyen Barthet, Brigadier au 3e Régiment de Hussards.*

52 — Carabine à canon rayé de la manufacture de Versailles.

53-54 — Cinq Fusils divers à piston.

55 — Deux Tromblons, dont un à canon de cuivre.

56-57 — Deux grandes Épées à deux mains, l'une avec garde recourbée et fleurdelisée, l'autre gravée.

58 — Epée Louis XIII à quillon droit et pommeau orné de bustes en relief, avec traces de dorure sur la garde

59 — Autre Epée Louis XIII, à fusée garnie d'argent et de cuivre rouge.

60 — Epée à garde élégante en fer uni et cannelée. Fin XVIe siècle.

61 — Rapière à garde à corbeille en fer uni et longs quillons droits. XVIe siècle.

62 — Rapière à longs quillons droits et garde à coquille en fer uni.

63 — Grande Epée Louis XIII, garde en fer, quillons recourbés, ornée de quelques gravures.

64 — Epée à double garde et quillons droits en fer uni avec lame évidée et ajourée.

65 — Claymore avec lame évidée.

66 — Epée allemande. XVIIe siècle.

67 — Sabre à lame courbe et fourreau en chagrin garni d'argent.

68-69 — Cinq Sabres de cavalerie de différents pays et du XIXe siècle.

70 — Dague main gauche, avec garde en fer repoussé et gravé, portant la fleur de lis, la lettre H, surmontée de la couronne royale en relief et entourée d'ornements gravés avec bordure ajourée, ornée de trèfles à jour, les quillons droits à torsades, la fusée garnie d'argent, le haut de la lame gravé à arabesques et ajourée à trèfles.

71 — Epée Louis XV à poignée d'argent ciselé et ornements rocaille et attributs.

72 — Epée Louis XV à poignée de cuivre ciselé à figures.

73-76 — Huit Couteaux de chasse à manches de corne, l'un avec lame gravée.

77 — Poignard du XVIe siècle à pommeau et quillons en fer ciselé, feuillages et arabesques portant des traces de dorure, fourreau en cuir garni de fer gravé.

78-83 — Douze petits Poignards de différentes époques et de travail oriental et européen dont un Flissah à tête en cuivre.

84 — Poignard circassien de forme courbe et un Kriss malais.

85-89 — Dix pièces Hallebardes Pertuisanes et Espontons des XVIe et XVIIe siècles.

90 — Quatre Haches d'armes dont une gravée.

91 — Sabre oriental double à poignées en bois gravé et garde en cuivre dans un même fourreau en cuir.

92 — Sabre oriental à poignée en bois avec deux petits quillons recourbés et terminés en pieds-de-biche, avec son fourreau en cuir garni de fer.

93 — Deux curieux Sabres indiens à poignées en bois dur sculpté à animaux fantastiques, avec fourreaux munis de bracelets en argent et en cuivre avec gardes en osier ornées de sculptures.

94 — Kathar indien à lame langue de bœuf en fer uni.

95 — Lot de Lances et Armes des colonies.

96 — Trois pièces d'officier servant Couteau, Fourchette et Présentoir du XVIe siècle dont les manches en ivoire taillé à cannelures sont décorés de fines incrustations de feuillages et d'arabesques en argent, et ornés de bagues en fer, incrustées d'ornements en relief en argent. Joli ensemble d'une belle conservation.

97 — Couteau de chasse à lame langue de bœuf, à manche en corne garnie d'ornements d'argent ainsi que le fourreau. XVIIe siècle.

89 — Couteau de Veneur à garde en fer tourné, ornée d'une coquille avec fourreau contenant un Couteau et une Fourchette.

99 — Huit différentes Flèches d'arbalètes.

100 — Quinze Eperons en fer de différentes époques.

101 — Deux Poudrières du XVIe siècle, en corne gravée.

102 — Deux Poudrières en corne gravée, et une en cuivre repoussé.

103 — Deux Poudrières de forme triangulaire et concave garnies de ferrures. XVIIe siècle.

104 — Cor de chasse en cuivre ancien.

105 — Une Trompette ancienne.

106 — Quatre Fragments de Cottes de maille.

107 — Dix Pièces · Étriers, Mors, Fer à cheval, etc.

108 — Selle en cuir piqué et velours rouge, avec harnachement en fer et cuivre doré à ornements. XVIIe siècle.

109 — Deux Serrures anciennes en fer découpé. XVIIe siècle.

110 — Petit Modèle de canon ancien en bronze, sur son affût.

BRONZES ET CUIVRES

111 — Charmant Groupe en bronze, d'après un tableau de Chardin « la Fontaine », formé d'une jeune villageoise tirant de l'eau à une fontaine (celle-ci est en cuivre rouge).

112 — Petit Flambeau gothique à pied triangulaire, en cuivre jaune ajouré, à oiseaux chimériques et pieds griffes de lion.

113 — Ostensoir gothique de forme sphérique, sur pied à nœud orné de têtes en émail et à large base circulaire en cuivre.

114 — Boîte lenticulaire en cuivre gravé, à sujet de chasse, XVIIe siècle, et un petit Plat en étain à figures et ornements en relief.

115 — Deux Mouchettes en cuivre, dont une à ornements et mascarons du XVIe siècle.

116-117 — Trois Plats ronds en cuivre repoussé, à figures et ornements du XVIe siècle.

118 — Deux Braseros sur plateaux, en cuivre repoussé.

119 — Deux Appliques Louis XV à deux lumières, en cuivre.

119 *bis* — Petit Lustre flamand à quatre lumières, en cuivre, orné d'une figurine et d'attaches têtes de cerfs.

120-121 — Quatre Fontaines anciennes en cuivre jaune, dont une ornée de gravures.

122 — Cage hollandaise en cuivre repoussé, à galerie de rinceaux.

123 — Lanterne Louis XIII en cuivre.

124 — Suspension Louis XIII en cuivre repoussé et ajouré.

125 — Deux Flambeaux Louis XIII en cuivre, pieds triangulaires à griffes de lion.

126 — Plateau rond en étain, du XVIIIe siècle, avec bordure à bustes et rinceaux.

127 — Cage hollandaise en cuivre repoussé.

128-130 — Sept Appliques porte-lumière en cuivre repoussé et fer forgé. XVIIe siècle.

131 — Jardinière italienne en cuivre rouge repoussé, à deux anses mufles de lion.

132 — Jardinière ovale en cuivre jaune repoussé à bossages et à anses mufles de lion.

133 — Deux Flambeaux Louis XIII, à base triangulaire en cuivre jaune.

134 — Une Chaufferette et un Chandelier en cuivre jaune.

135 — Deux Braseros et Coupes en cuivre jaune.

136 — Deux Lanternes anciennes en cuivre.

137 — Quatre Pièces Louis XV, en étain, deux Cafetières, un Moutardier et une Salière.

PORCELAINES DE SÈVRES, DE SAXE ET DE CHINE

138 — Jolie Écuelle avec couvercle et présentoir en vieux Sèvres pâte tendre, fond gros bleu, décorée de médaillons pointillés d'or avec roses sur fond blanc. Le bouton du couvercle et les deux anses sont formés de branchages.

139 — Charmante Écuelle de même forme que la précédente; celle-ci décorée de guirlandes de lauriers et de guirlandes de chêne, en eouluurs et or alternées, ainsi que de roses et de petits médaillons fond rose.

140 — Service de six Tasses avec Soucoupes en ancienne porcelaine blanche de Saxe, décorée de pampres en relief.

141 — Deux Sucrières à saupoudrer en vieux Chine, décorées en émaux de couleurs.

142 — Deux Flacons en vieux Japon.

143 — Fontaine en ancienne porcelaine du Japon à décor en relief, reposant sur trois figurines.

144 — Fontaine en porcelaine du Japon, à décor bleu et or à réserves.

145 — Deux Pichets en porcelaine du Japon, à décor bleu.

146 — Deux Pots à gingembre en vieux Japon, décor bleu.

147 — Petite Potiche en vieux Chine, décorée en émaux de la famille rose, d'oiseaux et de fleurs.

148 Quantité d'Objets d'étagère en vieux Chine et vieux Japon : Tasses, Soucoupes, petits Vases, Boîtes à thé.

149 — Service en ancienne porcelaine de la Compagnie des Indes, à décor bleu, composé d'environ soixante pièces.

150 — Cinq Bols en vieux Japon, décor bleu.

151 — Assiette en vieux Chine, décorée en grisaille et or, aux armes de Fouquet.

152 — Cabaret en ancienne porcelaine de l'Inde, réticulée à jour et décorée de fleurs et de dorure.

153 — Petit Cabaret en vieux Saxe, décor d'oiseaux et de fleurs en noir à l'imitation du style chinois (six pièces).

154 — Cinq pièces en porcelaine blanche de Sèvres.

155 — Deux Boîtes à thé en ancienne porcelaine allemande, décor camaïeu carmin.

156 — Très grand Plat en porcelaine moderne du Japon.

157-159 — Cinq Plats divers en ancienne porcelaine de Chine et du Japon.

160 — Diverses pièces en porcelaine de Chine et du Japon seront vendues par lots.

161-165 — Environ cinquante Assiettes de différents décors, en ancienne porcelaine de Chine et du Japon.

166-167 — Tasses et Soucoupes, en porcelaine de Chine et du Japon.

FAÏENCES ET GRÈS

168 — Plaque, provenant d'un poêle, en faïence de Nurenberg du XVIe siècle, représentant un sujet de deux figures, tirée de l'histoire de l'Enfant prodigue; dans le haut cintré, le Père Éternel et deux têtes d'anges.

169 — Gros Cruchon sphérique en ancien grès de Flandre, décoré d'un médaillon armorié et de deux bustes d'empereurs romains sur la panse, d'un mascaron barbu au col et garni d'une anse torsade.

170 — Canette en terre de Munich, émaillée en couleurs à sujet de chasse, avec date 1684.

171-176 — Quatorze Cruchons de différentes formes en ancien grès de Flandre et d'Allemagne.

177 — Deux grandes Coupes en ancienne faïence de Delft, décor polychrome.

178 — Paire de Bouteilles en ancienne faïence de Delft, à décor bleu à fleurs et oiseaux.

169 — Un Cornet de même faïence et de décor analogue.

180 — Deux paires de Potiches en faïence de Delft. décor bleu, à figures et paysages.

181 — Soupière Louis XV en faïence de Saint-Amand, forme contournée.

182 — Six Plats en faïence de Delft, de décors variés, en bleu.

VERRERIE

183 — Vidrecome allemand de la fin du XVIe siècle, de forme cylindrique, en verre décoré en émaux de couleurs, représentant les différents âges de la vie, disposés sur deux zones de figures dans des arceaux formés par des inscriptions.

184 — Vidrecome cylindrique en verre allemand, gravé et décoré de dorure.

185 — Grand Gobelet hollandais en verre gravé, et un lot de Verrerie ancienne.

186 — Deux Flacons en ancienne verrerie hollandaise, émaillée en couleurs.

187-197 — Environ quatre-vingts pièces, ancienne verrerie de Bohême, vidrecomes, flacons, verres, coupes, etc.

198 — Lot de petits Vitraux anciens, des XVIe et XVIIe siècles.

DENTELLES ET GUIPURES ANCIENNES

199-239 — Très belle collection de Guipures et Dentelles anciennes, des XVIIe et XVIIIe siècles, guipures de Venise, dentelles et applications de Bruxelles, d'Angleterre, Valenciennes, Bruges et Malines.

Volants, cols, guipure, barbes, bonnets, etc., etc.

OBJETS DE VITRINE

240 — Plaque en émail de Limoges, en couleurs : *la Déposition de la Croix*, XVIe siècle.

241 — Joli Montre Louis XVI, en or, avec mouvement de Leroy, à Paris, et cadran marqué en chiffres turcs, contenue dans un double boîtier en or émaillé, à fleurs et paysages, et un triple boîtier en galuchat.

242 — Montre Louis XVI, en argent émaillé, avec sujet de l'Hyménée et entourage de strass.

242 *bis* — Etui nécessaire en galuchat, Louis XV, avec garniture et instruments en or.

243 — Jolie Intaille sur cornaline du XVIe siècle, représentant le Char de Phaëton, monture en or.

244 — Deux Pièces à ornements en forme d'aigle à deux têtes, auquel sont appendues quatre médailles en argent, et un médaillon en filigrane d'argent.

245 — Châtelaine Louis XV, en cuivre doré.

246 — Petit Médaillon en filigrane, anneau brisé et porte-mousqueton en or.

247 — Deux petites Tabatières, l'une en racine montée en or, l'autre en argent, plaquée d'écaille.

248 — Tabatière en argent niellé.

249 — Petit Coffret Louis XV, en bois laqué, garni d'ornements.

250 — Couteau et Fourchette à manches d'ivoire sculpté, figures allégoriques des vertus théologales.

251 — Deux Médaillons ovales en émail camaieu rouge, figures dans des paysages.

252 — Deux Carnets en ivoire sculpté de travail chinois.

253 — Petite Coupe en argent, surmontée d'une figurine et une Cuiller pliante en argent gravé.

254 — Couvert de voyage composé de cinq pièces en cuivre doré et émaillé dans un étui en cuir époque Louis XV.

255 — Deux petits Nécessaires à odeur avec garniture en or, dans des étuis en galuchat.

256 — Petit Ecran en argent dans un étui en chagrin.

257 — Deux Trousses en galuchat et en cuir contenant l'une un couvert à manche d'agate et l'autre un couvert à garniture d'étain.

258 — Trois pièces, une Clef formant un étui en argent et deux Fourchettes anciennes à manches piqués d'argent.

259 — Clef Louis XVI en fer avec paneton en forme de rosace ajourée.

260 — Sifflet forme de cor de chasse en argent.

261 — Clef-Breloque avec topaze et une croix en cuivre.

262 — Deux pièces : petite Miniature Louis XV, portrait de femme, finement peinte et Médaillon en filigrane.

263 — Eventail Louis XV à monture d'ivoire et de nacre avec feuille peinte à la gouache, sujet tiré de l'Histoire romaine.

264 — Ceinture en argent doré du XVIe siècle.

265 — Lot de Boutons anciens à figures en argent.

266 — Petit Coffret en mosaïque et deux Boîtes en laque de Chine.

267 — Deux petits Vases en émail de Chine, fond gros bleu.

268 — Petit Coffret en ivoire sculpté à moulures guillochées et ornements découpés.

269 — Deux Montres Louis XIV, en argent gravé et découpé.

270 — Deux Montres anciennes, une petite Boite oblongue et un Triptyque en cuivre.

271 — Canne Louis XV en jonc, à pomme d'argent repoussé.

OBJETS DIVERS

272 — Miroir Louis XIII, avec riche bordure en argent estampé à ornements tête de chérubins et surmonté d'un écusson couronné.

273 — Buste de Napoléon Ier, en marbre blanc, d'après Canova.

274 — Hanap en émail de Chine en couleurs.

275 — Porte-Coran en Mosaïque de Bombay et deux petits Plateaux en émail de Chine.

276 — Soufflet en bois sculpté à écusson et oiseaux.

277 — Deux Appliques à deux lumières en fer forgé, garnis de fleurs en vieux Saxe.

278 — Quelques Tableaux et Portraits.

MEUBLES ET BOIS SCULPTÉS

279 — Ancien Bahut flamand en chêne sculpté et mouluré, orné d'une frise de rinceaux. Il ouvre à deux portes et deux tiroirs haut et bas.

280 — Cabinet Louis XIII, plaqué d'ébène et d'écaille et incrusté d'ivoire.

281 — Petit Coffret en bois noir et os sculpté, simulant un monument à colonnes.

282 — Glace à fronton en bois doré et bordure de glace.

283 — Petit Cabinet Louis XIII en bois noir.

284 — Console-Applique en bois sculpté, à tête d'ange.

285 — Deux petites Consoles-Appliques et deux petits Miroirs en bois doré et découpé.

286 — Deux Consoles-Appliques en chêne sculpté, à deux figures, de style gothique.

287 — Groupe en chêne sculpté du xve siècle, de travail flamand. La Vierge portant l'Enfant Jésus et sainte Anne assise, tenant un livre.

288 — Petite Pendule de bureau du xviiie siècle, plaquée de bois satiné et marqueté, avec cadran au nom de Beltjens à Ruremonde.

TAPISSERIES

289 — Six Rideaux en ancienne tapisserie de Flandre à petites figures mythologiques dans des paysages.

290 — Tapisserie flamande à paysage et oiseaux, entourée d'une bordure d'ornements et de fleurs.

291 — Tablette de cheminée en ancienne tapisserie flamande.

292 — Tenture de chambre en ancien cuir de Cordoue à ornements Louis XIV.

www.ingramcontent.com/pod-product-compliance
Ingram Content Group UK Ltd.
Pitfield, Milton Keynes, MK11 3LW, UK
UKHW020231180726
13838UKWH00005B/2330